从功能到体能
递进式健身图解

▶ **视频学习版**

闫琪 编著

人民邮电出版社
北京

图书在版编目（CIP）数据

从功能到体能 : 递进式健身图解 : 视频学习版 / 闫琪编著. -- 北京 : 人民邮电出版社, 2020.8（2022.1重印）
ISBN 978-7-115-54029-4

Ⅰ. ①从… Ⅱ. ①闫… Ⅲ. ①健身运动－图解 Ⅳ. ①G883-64

中国版本图书馆CIP数据核字（2020）第085159号

免责声明

本书内容旨在为大众提供有用的信息。所有材料（包括文本、图形和图像）仅供参考，不能用于对特定疾病或症状的医疗诊断、建议或治疗。所有读者在针对任何一般性或特定的健康问题开始某项锻炼之前，均应向专业的医疗保健机构或医生进行咨询。作者和出版商都已尽可能确保本书技术上的准确性以及合理性，且并不特别推崇任何治疗方法、方案、建议或本书中的其他信息，并特别声明，不会承担由于使用本出版物中的材料而遭受的任何损伤所直接或间接产生的与个人或团体相关的一切责任、损失或风险。

内 容 提 要

本书是由国家体育总局体育科学研究所研究员、多位奥运冠军的体能教练闫琪博士编写的体能提升训练指导书。

本书按照关节功能改善、肌肉力量强化和体能全面提升的训练进阶路线，提供了包括锻炼前热身训练和锻炼后拉伸训练在内的11套完整训练计划。不论是健身零基础的普通人，还是拥有较高体能水平的运动爱好者，都可以根据自身情况，选择合适的训练计划进行训练。此外，本书通过真人示范、分步图解的形式对98个训练动作进行了展示并免费提供了部分训练动作的演示视频，旨在帮助锻炼者正确掌握动作技术，科学提高锻炼效果。

◆ 编　著　闫　琪
　　责任编辑　刘　蕊
　　责任印制　周昇亮

◆ 人民邮电出版社出版发行　　北京市丰台区成寿寺路 11 号
　　邮编　100164　　电子邮件　315@ptpress.com.cn
　　网址　https://www.ptpress.com.cn
　　北京虎彩文化传播有限公司印刷

◆ 开本：700×1000　1/16
　　印张：9.5　　　　　　　　　　　2020 年 8 月第 1 版
　　字数：219 千字　　　　　　　　2022 年 1 月北京第 4 次印刷

定价：55.00 元

读者服务热线：(010)81055296　印装质量热线：(010)81055316
反盗版热线：(010)81055315
广告经营许可证：京东市监广登字 20170147 号

闫琪

国家体育总局体育科学研究所研究员，博士，上海体育学院客座教授；获得美国国家体能协会体能训练专家（NSCA-CSCS）认证和私人体能教练（NSCA-CPT）认证；获得 IHP 高级功能性体能教练认证和 IHP 综合格斗体能教练认证；FMS 国际认证讲师，FMS、SFMA 高级认证专家；中国人民解放军备战第七届世界军人运动会体能训练专家；中国人民解放军某战区空军飞行人员训练伤防治特聘专家；多名奥运会金牌运动员的体能教练；《运动健身日历 2019》《运动健身打卡书》作者；翻译出版多部体能训练书籍；承担省部级课题十余项，发表论文三十余篇；获奥运会科技先进个人、全国体育事业突出贡献奖等奖项。

前言

新型冠状病毒肺炎疫情期间，人们积极响应号召，减少外出，居家自我隔离，有效切断疫情传播途径。其实对于很多病毒，人类并没有特效药，那么抵抗病毒，关键是做好防护，以及提高人体自身的免疫力。

国内外很多研究发现，科学地进行体育锻炼可以增强人体免疫系统的功能，提高免疫力。强度适中、时间适中的运动可以促进人体内巨噬细胞的生成，加快免疫细胞的体内循环，提高对有害细菌、病毒的抵抗力，激发自身免疫力。长期规律的科学运动对提高人体免疫系统有累积效应，从而产生更长远和深刻的影响。有研究表明，每天进行 40 分钟、中等强度锻炼的人免疫力明显较高，其感冒和咽喉痛的发病天数比缺乏锻炼的人少一半。

受疫情影响，大家的外出活动时间大大减少，更长时间"宅"在家里，活动空间受到很大限制，无法像在室外或者健身场馆中那样进行多样化的锻炼。但是如果在家里长期久坐不动，以及以不良姿势躺、坐，抑或是长时间低头使用电子设备，往往会造成各种腰背疼痛、颈肩不适和下肢无力等身体功能障碍。而久坐不动、缺少身体活动，是造成冠心病、糖尿病和结肠癌等疾病的重要因素之一。因此大家在家里每天应进行科学的锻炼，之前有良好健身习惯的人，可以通过居家锻炼的方式继续保持；而之前没有健身习惯的人，正好趁现在时间相对充裕，科学地锻炼起来，缓解肩颈腰背的紧张不适，使身体关节功能恢复正常，增强体质，提高抵抗病毒的免疫力。此外，科学运动可以改善心血管和呼吸系统的功能、提高心肺功能、增强肌肉力量、提高基础代谢、促进新陈代谢、控制体重、提高日常生活能力和质量，并对改善情绪、缓解抑郁和焦虑、保持心理健康产生积极的影响。

根据运动锻炼与人体免疫机能之间的关系，要注意控制好运动量。运动是一把双刃剑，科学运动可以提高免疫力，而长期过量运动又会降低免疫力。对于刚开始锻炼的人来说，可以先选择强度较低的锻炼计划，每次运动 15~30 分钟，再逐渐增加锻炼难度和时间。开始时可以每周安排 3 次锻炼，隔天进行一次，后面逐渐可以增加到每周 4~6 天。

本书中的动作练习均为自重练习，大家在居家环境内就可以完成。书中的锻炼计划按照由易到难、强度由低到高的方式进行设置，大家跟随计划进行锻炼就可以循序渐进地提升自身体能水平。需要注意的是，书中提供的锻炼计划只是一个参考，大家可以根据自身情况，灵活调整、量力而行，甚至可以完成部分的锻炼计划内容。大家只要在每次运动后能有微微的疲劳感，感受到身心愉悦即可，不需要感到过度的疲劳。此外，在锻炼的同时也要保持合理饮食、充足的睡眠和良好的心态。

"宅"不可"懒"，"居家"不可"懈怠"，请大家根据实际条件合理规划、科学锻炼，有效改善身体功能，提升体能水平。

目录

CONTENTS

CHAPTER 03 第3章　肌肉力量强化

CHAPTER 04 第4章　体能全面提升

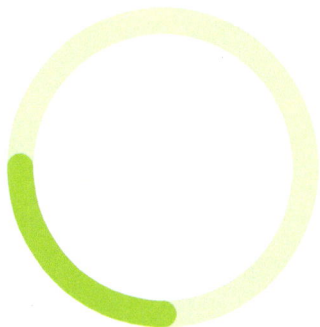

CHAPTER 01 第1章

锻炼前热身与锻炼后拉伸

一套完整的身体锻炼计划，起点一定是有效的热身练习，终点一定是积极的恢复拉伸练习。

锻炼前需要进行充分的热身，采取积极的身体调节方式，通过预先动员人体各系统的功能，克服内脏器官的生理惰性，让身体更快地进入锻炼状态。一套好的热身计划可以帮助锻炼者提高身体温度、增加血液循环、恢复软组织张力、增加关节活动度、提高机体摄氧量与代谢水平、减少肌肉黏滞性和提高神经传导速度等，从而让锻炼者在获得更好的锻炼效果的同时，

降低运动损伤的风险。如果锻炼者身体局部存在功能障碍，比如某些关节灵活性不足或动作模式较差，那么在热身计划中需要加入部分功能练习，也需要更长的时间（具体方法参考"关节功能改善"一章的内容）。

当主体锻炼内容结束时，不要立即休息，需要进行充分的静态拉伸练习。采用这种积极的恢复练习，有利于减少锻炼后肌肉延迟性酸痛、促进机体恢复、改善软组织张力、肌肉弹性和身体灵活性，从而提升锻炼效果。

1.1　锻炼前热身

锻炼前的热身练习一般需要进行5~10分钟，由8~10个练习组成。如果主体锻炼计划强度不大，动作难度较低，那么热身时间也相对较短；如果主体锻炼计划强度较大，动作难度较大，那么热身要更加充分，时间也相对较长。居家锻炼的热身计划主要包含了全身性动态练习和动态拉伸练习。其中，全身性动态练习的主要作用是提高

身体稳定性、加速血液循环、减少肌肉黏滞性和提升代谢水平，而动态拉伸练习的主要作用是增加关节活动度和提高动作模式质量。

下面给出一个锻炼前热身计划的模板，供锻炼者参考。锻炼者也可以根据热身计划制定的基本原则自行调整锻炼内容。

1 2 3 4 5 6 7

全身　　踝关节　　放松跳　　手臂　　双臂　　腰部　　4 字
舒展　　活动　　　　　　　绕环　　胸前　　拉伸　　臀部
　　　　　　　　　　　　　　　　水平推动　　　　　拉伸

READY GO

1

2

3

10

9

WELL DONE

8 9 10

8 臀部外侧
动态拉伸

9 伟大
拉伸

10 站姿
肩部
激活

训练强度 ●○○○○

训练动作数量 **10** 个

健身计划

④

⑤

⑥

⑧

⑦

1 全身舒展

动作步骤

① 双脚分开站立，距离与肩同宽。臀部收紧，挺胸抬头，目视前方，双臂自然置于身体两侧。

② 俯身屈髋 90 度，核心收紧，腰背挺直。同时双臂伸直下垂，并于胸前完成交叉动作。

③ ~ ④ 伸髋，身体挺直。同时双臂保持伸直，并由胸前向两侧伸展，最终向上伸展至头顶，完成交叉动作。恢复至初始姿势。

每组训练次数
5 次
训练组数
1 组
组间间歇时间
-

2 踝关节活动

动作步骤

① 双脚分开站立，距离略宽于肩。臀部收紧，挺胸抬头，目视前方，双臂自然置于身体两侧。

② 双手叉腰，左腿支撑身体重量，右腿直膝屈髋至体前，保持躯干稳定。

③ ~ ⑤ 右脚踝关节由外向内做旋转动作。恢复至初始姿势，重复规定的训练次数。换另一侧重复上述步骤。

每组每侧训练次数
5 次
训练组数
1 组
组间间歇时间
-

∃ 放松跳

动作步骤

① 双脚分开站立，距离略宽于肩。臀部收紧，挺胸抬头，目视前方，双臂自然置于身体两侧。

② 双脚同时蹬地发力，脚尖点地，轻轻跳起，同时身体向左转动，自然摆臂。

③ 落地后，双脚同时再次蹬地发力，脚尖点地，轻轻跳起，同时身体向右转动，自然摆臂。

每组训练时间
30~60 秒
训练组数
1 组
组间间歇时间
-

①

②

③

4 手臂绕环

动作步骤

① 双脚分开站立，距离略宽于肩。臀部收紧，挺胸抬头，目视前方，双臂自然置于身体两侧。

② ~ ⑥ 双臂上抬呈侧平举姿势，随后以肩关节为轴做环转动作。注意，环转一周为1次完整动作。

每组训练次数
5次
训练组数
1组
组间间歇时间
-

5　双臂胸前水平推动

动作步骤

① 双脚分开站立，距离略宽于肩。臀部收紧，挺胸抬头，目视前方，双臂自然置于身体两侧。

② 双臂侧平举，双手握拳且拳心朝前。

③ 双臂水平内收，移动至胸前，呈前平举姿势，双拳拳心相对。

④ 双手同时外展至身体两侧，呈侧平举姿势。

⑤ 双臂自然放下，恢复至初始姿势。

每组训练次数
5次
训练组数
1组
组间间歇时间
-

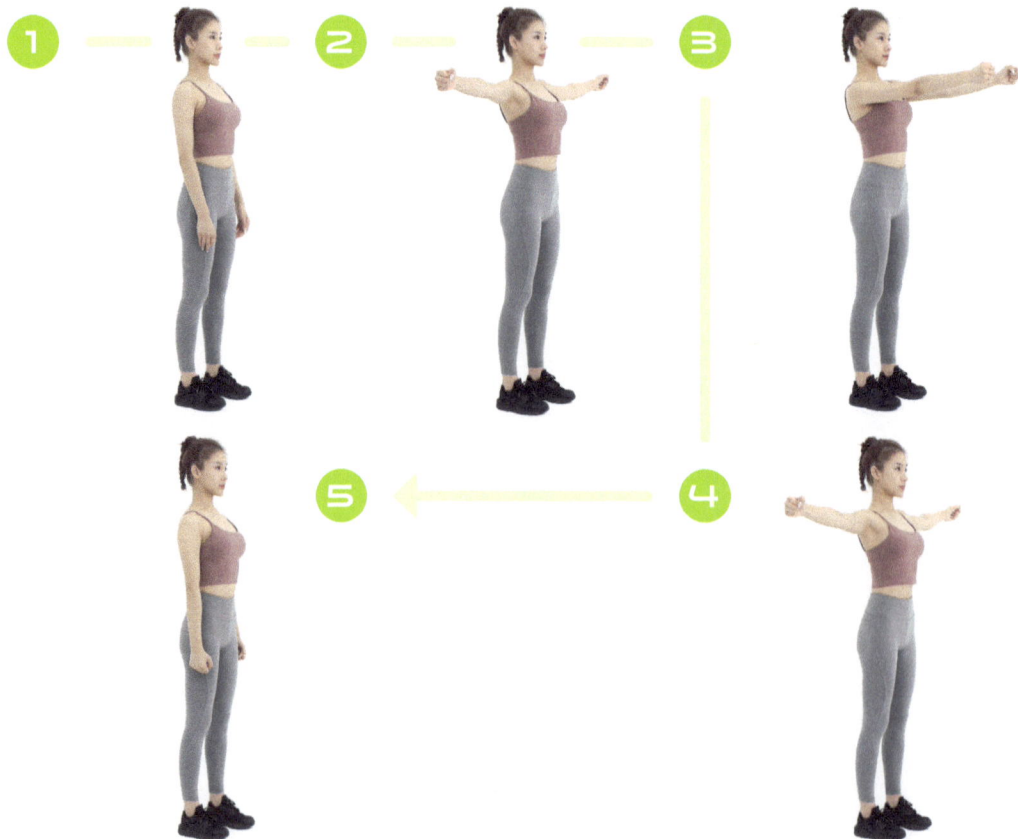

6 腰部拉伸

动作步骤

① 双脚分开站立，距离大于肩宽。腰背挺直，双臂自然置于身体两侧。

② 右手扶在头部耳后位置，肘关节指向外侧，左手叉腰。

③ 躯干朝左侧屈曲，直至躯干后侧下腰背部有中等强度的拉伸感。恢复至初始姿势，完成规定的训练次数。换另一侧重复上述步骤。

每组每侧训练次数
2次
训练组数
1组
组间间歇时间
—

1

2

3

7　4 字臀部拉伸

动作步骤

① 双脚分开站立，距离与肩同宽。腰背挺直，双臂自然置于身体两侧。

② 左脚支撑于地面，右腿屈膝并将踝关节置于左膝前侧，双手分别扶于右腿膝关节和踝关节处。下蹲至右侧臀部有中等强度的拉伸感。恢复至初始姿势，完成规定的训练次数。换另一侧重复上述步骤。

每组每侧训练次数
2 次
训练组数
1 组
组间间歇时间
–

1

2

8 臀部外侧动态拉伸

动作步骤

① 双脚分开站立，距离与肩同宽。腰背挺直，双臂自然置于身体两侧。

② 左脚支撑于地面，右腿提膝至基本与地面平行，双手分别扶于右腿膝关节和踝关节处，上身保持挺直。

③ 双手抱住右腿并用力向上拉伸，直至臀部外侧肌群有中等强度的拉伸感。恢复至初始姿势，完成规定的训练次数。换另一侧重复上述步骤。

每组每侧训练次数
2次
训练组数
1组
组间间歇时间
-

9　伟大拉伸

动作步骤

① 身体呈四点支撑姿势，双手、双脚脚尖撑地，其中双手位于肩关节正下方。核心收紧，腰背挺直，双臂伸直。

② 左腿屈髋屈膝，向前迈步至左手外侧。

③ ~ ④ 左臂屈肘，左侧肩背用力向下伸展，至最大幅度后，顺势向外转体，同时将手臂伸直，使双臂在一条直线上。

⑤ ~ ⑥ 左手落地，位于左脚外侧。左腿伸膝，同时保持右腿伸直，臀部向后向上翘起，身体尽量呈倒 V 字形。

⑦ ~ ⑧ 左腿屈膝，躯干向前恢复至步骤②的姿势。随后左腿向后伸直，恢复至初始姿势。换另一侧重复上述步骤。

每组每侧训练次数
2 次
训练组数
1 组
组间间歇时间
-

10　站姿肩部激活

动作步骤

① 双脚分开站立，距离与肩同宽。双臂前平举，双手握拳，掌心相对，拇指向上。

② 双臂水平向后打开并屈肘 90 度，双手保持掌心相对、拇指向上。

③ 双臂上臂保持水平，肩部外旋，使前臂垂直于地面，拇指指向后侧。恢复至初始姿势。

每组训练次数
2 次
训练组数
1 组
组间间歇时间
–

4 字臀部拉伸的动作要点

目视前方

颈部中立

腰背挺直

躯干稳定

脚尖朝前　脚跟下压

1.2 锻炼后拉伸

锻炼结束后需要对主要参与运动的肌肉分别进行 20~30 秒的静态拉伸，拉伸总时长为 5~10 分钟。制定拉伸计划要考虑主体锻炼的具体练习内容，比如锻炼计划主要针对下肢力量，那么后面的拉伸练习也应主要针对下肢肌群。另外，制定拉伸计划也要考虑锻炼的强度，如果锻炼强度不大，拉伸时间可以相对短一些，如果锻炼强度比较大，肌肉疲劳感强烈，那么拉伸练习的时间需要更长一些，甚至每个部位充分进行 2 组拉伸训练。

下面给出一个锻炼后全身性拉伸计划的模板，供锻炼者进行参考。锻炼者也可以根据拉伸计划制定的基本原则自行调整锻炼内容。

健身小常识

静态拉伸和动态拉伸有什么区别？

静态拉伸：指缓慢地拉伸目标肌肉并在舒适的姿势下保持 10 ~ 30 秒。在保持的过程中，拉伸的感觉逐渐减弱，然后拉伸者继续移动，将拉伸加深到新的层次。

动态拉伸：指在可承受的活动范围内，动态、有控制地重复拉伸动作，可有效提高身体灵活性。

1	2	3	4	5	6	7
坐姿 腘绳肌 拉伸	股四头肌 拉伸	坐姿 髋外展肌 拉伸	仰卧 臀部 拉伸	扭转 拉伸	腹部 拉伸	直腿 腓肠肌 拉伸

READY GO

1

2

3

10

9

8

WELL DONE

8	9	10
肱三头肌拉伸	侧腹部拉伸	胸部拉伸

训练强度　● ○ ○ ○ ○

训练动作数量　**10** 个

健身计划

④

⑤

⑦

⑥

1 坐姿腘绳肌拉伸

动作步骤

坐于垫上，左腿伸直，右腿屈曲，将右脚脚底置于左腿大腿内侧。双手伸够左脚脚尖，至大腿后侧肌群有中等强度的拉伸感，保持该姿势20~30 秒。恢复至初始姿势，换另一侧重复上述步骤。

每组每侧训练时间
20~30秒

训练组数
1~2组

组间间歇时间
-

2　股四头肌拉伸

动作步骤

① 身体呈跪坐姿势，双手撑地，左腿屈膝至身体前方,右腿向后伸直且尽量贴紧地面。

② 左手撑地，保持身体稳定，右手抓住右脚脚踝，将右脚尽可能地拉向臀部，至股四头肌有拉伸感，保持该姿势 20~30 秒。恢复至初始姿势，换另一侧重复上述步骤。

每组每侧训练时间
20~30秒
训练组数
1~2组
组间间歇时间
-

1

2

∃　坐姿髋外展肌拉伸

动作步骤

① 坐于垫上,双腿伸直并拢且平放在地面上,双臂自然置于身体两侧。

② 右腿屈髋屈膝,将右脚放在左膝外侧。左臂屈肘并用肘关节抵住右膝,右手置于体后以保持身体稳定。

③ 躯干向右旋转,同时左臂发力,将右腿压向左侧,至右侧臀部和腿部外侧感觉到中等强度或舒适程度的拉伸感,保持该姿势 20~30 秒。恢复至初始姿势,换另一侧重复上述步骤。

每组每侧训练时间
20~30 秒
训练组数
1~2 组
组间间歇时间
-

4 仰卧臀部拉伸

每组每侧训练时间
20~30秒
训练组数
1~2组
组间间歇时间
-

动作步骤

① 平躺在垫上，右腿伸直放在地面上，左腿屈髋屈膝上举，双手抱膝。

② 双手用力将左腿压向胸部，直至臀部肌肉有中等强度的拉伸感，保持该姿势20~30秒。恢复至初始姿势，换另一侧重复上述步骤。

1

2

5　扭转拉伸

动作步骤

① 平躺在垫上，双腿伸直，双臂自然置于身体两侧。

② 保持左腿伸直，肩部和背部紧贴地面，右腿屈膝屈髋向上抬起。

③ 继续保持肩部和背部紧贴地面，右腿跨过身体向左旋转，并用左手按住右膝。左手缓慢发力推动右膝，至腰腹部有拉伸感，保持该姿势 20~30 秒。恢复至初始姿势，换另一侧重复上述步骤。

每组每侧训练时间
20~30 秒
训练组数
1~2 组
组间间歇时间
–

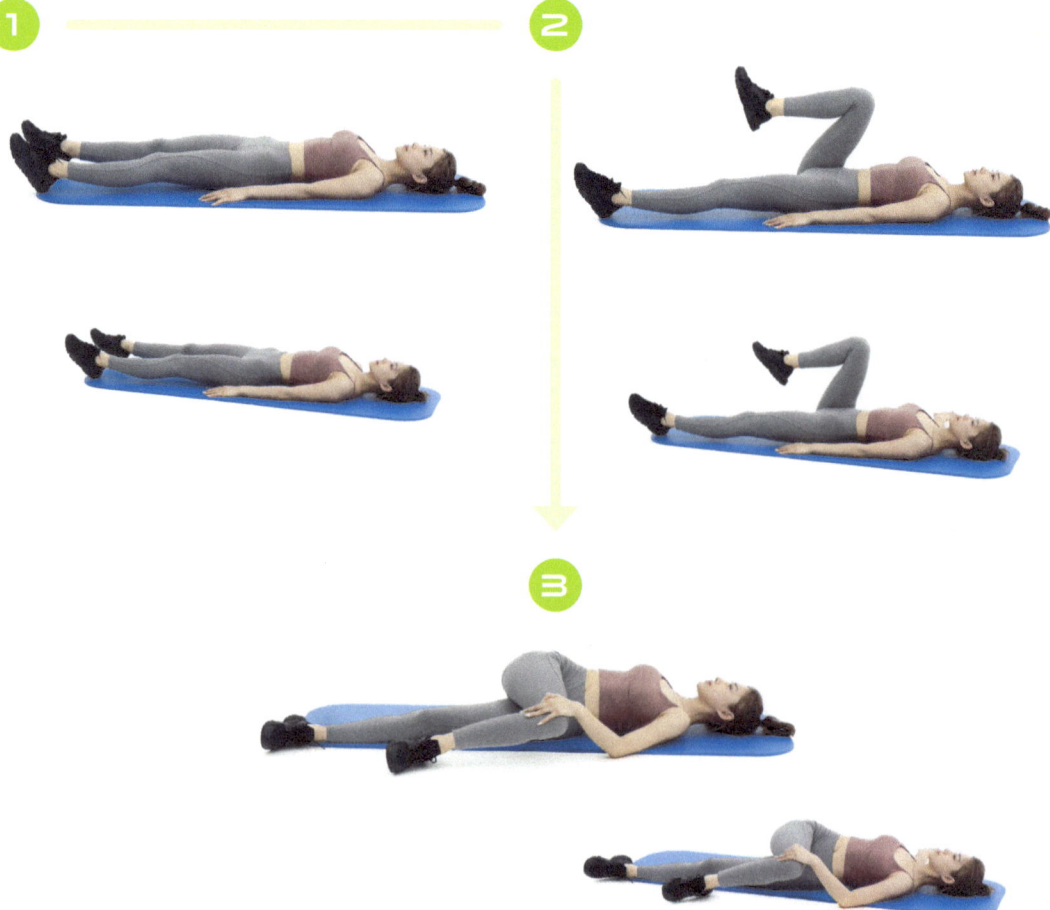

6 腹部拉伸

动作步骤

① 身体呈俯卧姿势，双脚分开，距离与肩同宽，双手置于肩关节两侧。

② 保持髋部和腿部紧贴地面，手臂发力，撑起躯干。挺胸仰头，直至腹部有中等强度的拉伸感，保持该姿势 20~30 秒。恢复至初始姿势。

每组训练时间
20~30 秒
训练组数
1~2 组
组间间歇时间
-

1

2

7　直腿腓肠肌拉伸

动作步骤

身体呈俯身撑姿，双臂伸直，双手撑地，双腿伸直，右脚尖撑地，左腿搭在右腿上。右腿始终保持伸直的姿势，右脚脚跟缓慢着地，直至右腿腓肠肌有中等强度的拉伸感，保持该姿势20~30 秒。恢复至初始姿势，换另一侧重复上述步骤。

每组每侧训练时间
20~30秒

训练组数
1~2组

组间间歇时间
-

8　肱三头肌拉伸

动作步骤

① 双脚分开站立，距离与肩同宽。臀部收紧，挺胸抬头，目视前方，双臂自然置于身体两侧。

② 右臂屈肘上抬，右手置于左肩后侧，左臂屈肘，左手握住右臂肘关节。

③ 左手施力，带动右臂向左侧拉伸至右臂有中等强度的拉伸感，保持该姿势20~30秒。恢复至初始姿势，换另一侧重复上述步骤。

每组每侧训练时间
20~30秒
训练组数
1~2组
组间间歇时间
-

1

2

3

9 侧腹部拉伸

动作步骤

① 双脚分开站立,距离与肩同宽。臀部收紧,挺胸抬头,目视前方,双臂自然置于身体两侧。

② 躯干保持挺直,双臂伸直上举至头顶,双手合十,掌心相对。同时右腿向左侧交叉迈步。

③ 躯干向右侧屈曲至最大限度,保持该姿势20~30秒。恢复至初始姿势,换另一侧重复上述步骤。

每组每侧训练时间
20~30 秒
训练组数
1~2 组
组间间歇时间
-

1

2

3

10 胸部拉伸

动作步骤

① 双脚分开站立，距离与肩同宽。臀部收紧，挺胸抬头，目视前方，双臂自然置于身体两侧。

② 双手于背后撑腰，拇指位于身体前侧，其他手指指向臀部。

每组训练时间
20~30秒
训练组数
1~2组
组间间歇时间
-

③ 向前挺胸，肩胛骨内收，双臂渐渐向后靠拢，直至胸部前侧肌群有中等强度的拉伸感，保持该姿势 20~30 秒。恢复至初始姿势。

1

2

3

CHAPTER 02 第2章

关节功能改善

受疫情影响，人们的室外活动时间大大减少。由于体力活动明显减少，人们选择通过手机、电视和电脑来打发时间，保持坐姿的时间比之前更多，身体各关节的功能也会发生退行性变化。人们在进行锻炼时，需要身体各关节具备良好的功能，否则就会存在更多的运动损伤风险，有可能会造成肌肉拉伤、关节扭伤、过度疲劳和慢性劳损等问题。

人体各系统是相互联系和相互影响的。人体的关节都具有"灵活性"和"稳定性"两种功能：灵活性是指一个关节可以在关节活动范围里自由移动的能力；稳定性是指一个关节可以抵抗移动、控制关节位置的能力。就人体的运动功能而言，踝关节、髋关节、胸椎和肩关节需要拥有较高的灵活性，而膝关节、腰椎、肩胛胸壁关节需要拥有较高的稳定性。如果人体各关节能够充分发挥自身的功能，就能够完成高质量的功能动作，而如果人体关节功能受限，无法发挥正常的功能，那么就无法完成高质量的功能动作，并容易产生各种功能障碍，进而引起各种运动损伤。因此，在进行力量锻炼和心肺功能锻炼之前，人们首先应该改善各关节的功能，减少产生运动损伤的风险。

2.1 肩部功能改善计划

对于久坐不动或体力活动不足的人群而言，肩关节是很容易出现功能障碍和慢性劳损的关节之一。肩关节在运动时的活动幅度非常大，这意味着肩关节既需要有良好的灵活性，同时又需要有足够的稳定性。肩关节出现功能障碍往往与盂肱关节周围软组织张力变化、肩胛胸壁关节的稳定性不够和肩袖肌肉力量不足有关。从人体整体运动链的角度来说，锻炼者进行肩关节功能强化时，需要进行肩关节周围软组织松解、胸椎灵活性练习、肩胛胸壁关节稳定性练习、核心稳定性练习和上肢力量练习。

1	2	3	4	5	6	7
筋膜球 - 上背部	筋膜球 - 胸肌	筋膜球 - 背阔肌	翻书练习	肩关节左右反向旋转	动态扩胸	T 形练习

READY GO

1 —— **2** —— **3**

10 ← —— **9**

WELL DONE

8 W形练习 **9** 俯撑爬行伸展 **10** 正向爬行

训练强度 ●●○○○

训练动作数量 **10** 个

健身计划

4

5

6

8

7

1 筋膜球 – 上背部

动作步骤

身体呈仰卧姿势，双腿屈曲，双臂伸直上举过头顶，臀部触地或微微抬离地面，将筋膜球置于上背部的软组织位置。双脚蹬地，带动身体移动，使筋膜球在上背部到肩关节的范围内来回滚动，寻找明显的酸痛点，并可在酸痛点着力滚动。

每组训练时间
30~60秒
训练组数
1~2组
组间间歇时间
–

特别提示

1. 使用筋膜球时，注意避免让其直接压迫骨骼。此外，训练时应感受到筋膜球按压软组织产生的酸痛感，但若出现明显的刺痛或不适，应立即停止训练。
2. 可以用网球代替筋膜球进行训练。

2 筋膜球－胸肌

动作步骤

身体呈俯卧姿势，右臂在头前屈曲，将筋膜球置于左侧胸肌下方（正好位于腋窝之上）。调整筋膜球的位置，直至找到酸痛点。通过右手与右臂推地带动筋膜球滚动，并可在酸痛点着力滚动。完成后，换另一侧重复上述步骤。

每组每侧训练时间
30~60秒
训练组数
1~2组
组间间歇时间
-

特别提示

1.使用筋膜球时，注意避免让其直接压迫骨骼。此外，训练时应感受到筋膜球按压软组织产生的酸痛感，但若出现明显的刺痛或不适，应立即停止训练。

2.可以用网球代替筋膜球进行训练。

∃ 筋膜球 - 背阔肌

动作步骤

身体呈右侧卧姿势,右臂在头前伸直,掌心向上,并将筋膜球置于右侧腋下。左腿屈膝向前,右腿伸直,左手撑地。左手和左腿推地,带动身体移动,使筋膜球在下背部到腋下的范围内来回滚动,寻找明显的酸痛点,并可在酸痛点着力滚动。完成后,换另一侧重复上述步骤。

每组每侧训练时间
30~60秒
训练组数
1~2组
组间间歇时间
-

特别提示

1. 使用筋膜球时,注意避免让其直接压迫骨骼。此外,训练时应感受到筋膜球按压软组织产生的酸痛感,但若出现明显的刺痛或不适,应立即停止训练。

2. 可以用网球代替筋膜球进行训练。

4 翻书练习

动作步骤

① 身体呈右侧卧姿势，双腿屈髋屈膝 90 度，双脚并拢叠放，双臂于肩关节前方伸直，双手合十。

② ~ ③ 躯干及下肢保持稳定，左臂经上方向左侧伸直打开。保持这个动作 2 秒，然后恢复至初始姿势。完成规定的次数后，换另一侧重复上述步骤。

每组每侧训练次数
10 次
训练组数
2~3 组
组间间歇时间
30 秒

1

2

3

5 肩关节左右反向旋转

动作步骤

① 双脚分开站立，距离与肩同宽。双臂侧平举，左手掌心向下，右手掌心向上。

②~③ 双臂反向转动，至左手掌心向上，右手掌心向下。保持这个动作 2 秒，然后再次反向转动双臂。

每组训练次数
10 次
训练组数
2~3 组
组间间歇时间
30 秒

6 动态扩胸

动作步骤

① 身体呈直立姿势，双脚并拢，双手自然放于身体两侧。

② 双手握拳，双臂屈肘向身后做扩胸运动。此时拳心向下。

③ 双手和双臂打开，向身后做一次幅度较大的扩胸运动，此时掌心向上。

每组训练次数
10 次
训练组数
2~3 组
组间间歇时间
30 秒

7 T 形练习

动作步骤

① 双脚分开站立，距离与肩同宽，双膝微屈。向前俯身 45 度，同时双臂于体前平行伸直，双手握拳。

② 保持髋部及下肢稳定不动，双臂上举至与地面平行，与身体形成一个 "T" 字形。在肌肉收紧至最大限度时保持 1~2 秒，然后有控制地恢复至初始姿势。

每组训练次数
10次
训练组数
2~3组
组间间歇时间
30秒

1 → **2**

8 W 形练习

每组每侧训练次数	**10** 次
训练组数	**2~3** 组
组间间歇时间	**30** 秒

动作步骤

① 双脚分开站立，距离与肩同宽，双膝微屈。向前俯身 45 度，同时双臂于体前平行伸直，双手握拳。

② 肩胛骨向内收紧，双肘屈曲 90 度后上抬，双手掌心相对。

③ 上臂保持不动，前臂上抬，与身体形成一个"W"字形，双手掌心相对。

④ 双臂向上伸直，掌心相对。在肌肉收紧至最大限度时保持 1~2 秒，然后有控制地恢复至初始姿势。

9 俯撑爬行伸展

动作步骤

① 身体呈四点支撑姿势，双手、双脚脚尖撑地，其中双手位于肩关节正下方。

② 双手位置固定，保持腰背挺直、双腿伸直，双脚向前爬行至最大限度。

③ 双脚位置固定，保持腰背挺直、双腿伸直，双手向前爬行至恢复初始姿势。

每组训练次数
5次
训练组数
2~3组
组间间歇时间
60秒

10 正向爬行

动作步骤

① 身体呈四点支撑姿势，双手及双脚脚尖撑地，其中双手位于肩关节正下方，双膝位于髋关节正下方且离地5厘米左右。

② 保持躯干稳定，右手与左脚同时向前移动。

③ 左手与右脚同时向前移动。

每组训练次数
10次
训练组数
2~3组
组间间歇时间
60秒

1

2

3

T 形练习的动作要点

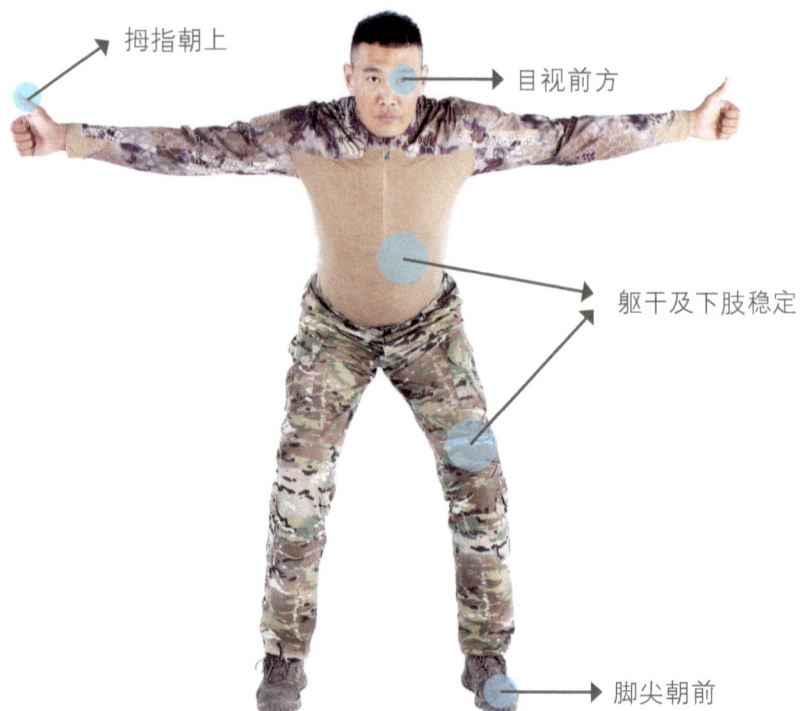

拇指朝上

目视前方

躯干及下肢稳定

脚尖朝前

双臂侧平举

腰背挺直

双腿微屈

2.2 腰部功能改善计划

腰部僵硬甚至出现慢性疼痛是现代人常见的身体功能问题。腰椎需要具备良好的稳定性，才能高质量地完成人体运动，如果腰椎失稳，会造成周围肌肉、韧带的张力发生改变，并对椎体周围的小面关节的位置产生影响，使其在运动时产生撞击、错位和软组织炎症，从而导致腰部功能下降，甚至产生疼痛。腰椎失稳的原因往往是相邻关节胸椎和髋关节的灵活性下降，腰椎被迫进行动作代偿。从人体整体运动链的角度来说，锻炼者进行腰部功能强化时，需要进行胸椎灵活性练习、髋关节灵活性练习、髋关节铰链动作模式练习和核心稳定性练习。

健身小常识

训练后肌肉没有酸痛感，意味着训练强度不够吗？

很多人对力量训练有一个根深蒂固的错误认识，即肌肉酸痛表明有进步，如果训练后第二天没有酸痛感，就说明训练强度不够。这种认识的依据是有效训练会造成肌肉微观撕裂，恢复后肌肉将增长。这种认识太过简单，因为肌肉增长包括一系列非常复杂的细胞生理变化，至今还没有科学证据表明酸痛现象是衡量训练是否成功的标准。

虽然初次进行训练时，身体一般会持续几天出现疼痛，但是追求每次训练后身体都要感到疼痛，会很快导致训练过量，并出现各种损伤，尤其是肌腱炎和关节肿大等损伤。

1	2	3	4	5	6	7
筋膜球－上背部	筋膜球－下背部	筋膜球－臀肌	髂腰肌拉伸	臀肌拉伸	俯桥	侧桥

READY GO

1

2

3

10

9

WELL DONE

8 9 10

单腿　　　俯卧　　　髋关节
挺髋　　　超人　　　铰链练习

训练强度　●●○○○

训练动作数量 **10** 个

健身计划

4

5

6

8

7

1 筋膜球 – 上背部

动作步骤

身体呈仰卧姿势，双腿屈曲，双臂伸直上举过头顶，臀部触地或微微抬离地面，将筋膜球置于上背部的软组织位置。双脚蹬地，带动身体移动，使筋膜球在上背部到肩关节的范围内来回滚动，寻找明显的酸痛点，并可在酸痛点着力滚动。

每组训练时间
30~60 秒
训练组数
1~2 组
组间间歇时间
–

特别提示

1. 使用筋膜球时，注意避免让其直接压迫骨骼。此外，训练时应感受到筋膜球按压软组织产生的酸痛感，但若出现明显的刺痛或不适，应立即停止训练。

2. 可以用网球代替筋膜球进行训练。

2　筋膜球 - 下背部

动作步骤

身体呈仰卧姿势，双腿屈曲，双臂前臂撑地，将筋膜球置于下背部的软组织位置。双脚蹬地，带动身体移动，使筋膜球在下背部到腰骶部的范围内来回滚动，寻找明显的酸痛点，并可在酸痛点着力滚动。

每组训练时间
30~60秒
训练组数
1~2组
组间间歇时间
-

特别提示

1. 使用筋膜球时，注意避免让其直接压迫骨骼。此外，训练时应感受到筋膜球按压软组织产生的酸痛感，但若出现明显的刺痛或不适，应立即停止训练。
2. 可以用网球代替筋膜球进行训练。

3 筋膜球 - 臀肌

动作步骤

身体呈坐姿，双手撑地，双臂微屈，将筋膜球置于右侧臀部下方偏外侧位置。右腿屈曲抬起，将右脚放在左膝上。双手推地，带动身体移动，使筋膜球在臀部外侧来回滚动，寻找明显的酸痛点，并可在酸痛点着力滚动。完成后，换另一侧重复上述步骤。

每组每侧训练时间
30~60秒
训练组数
1~2组
组间间歇时间
–

特别提示

1. 使用筋膜球时，注意避免让其直接压迫骨骼。此外，训练时应感受到筋膜球按压软组织产生的酸痛感，但若出现明显的刺痛或不适，应立即停止训练。

2. 可以用网球代替筋膜球进行训练。

4 髂腰肌拉伸

动作步骤

左脚在前，右脚在后，呈前弓步姿势。双手
自然叠放于左膝之上。在保持髋关节两侧
高度一致的情况下，上身向前方移动，同
时轻微拉伸右腿以保持平衡。保持该姿势
20~30秒，同时做深呼吸。完成后，换另
一侧重复上述步骤。

每组每侧训练时间
20~30秒
训练组数
1~2组
组间间歇时间
-

5 臀肌拉伸

动作步骤

① 身体呈仰卧姿势，双腿并拢伸直，双手自然放于身体两侧。

② 双腿屈膝抬起，将左脚置于右腿膝关节上方，右手抱住右腿大腿后侧，保持该姿势20~30秒，同时做深呼吸。完成后，换另一侧重复上述步骤。

每组每侧训练时间
20~30 秒
训练组数
1~2 组
组间间歇时间
-

1

2

6 俯桥

动作步骤

身体呈四点支撑姿势，双肘屈曲90度且位于肩关节正下方，双脚并拢，肩关节、髋关节、膝关节和踝关节呈一条直线。保持该姿势60~90秒。

每组训练时间
60~90秒
训练组数
2~3组
组间间歇时间
30秒

7 侧桥

动作步骤

身体呈右侧卧姿势，右肘屈曲 90 度且位于肩关节正下方，左手叉腰，双脚并拢叠放。通过右肘与右脚撑起身体，至肩关节、髋关节、膝关节和踝关节呈一条直线。保持该姿势 30~60 秒。完成后，换另一侧重复上述步骤。

每组每侧训练时间
30~60 秒

训练组数
2~3 组

组间间歇时间
30 秒

8 单腿挺髋

动作步骤

① 身体呈仰卧姿势，双腿屈曲，右腿向上抬起且保持屈膝 90 度，左脚脚跟着地，双臂自然置于身体两侧。

② 臀部发力，向上顶起髋关节，至肩关节、髋关节与左腿膝关节呈一条直线，且左腿屈膝 90 度。在肌肉收紧至最大限度时保持 1~2 秒，然后有控制地恢复至初始姿势，完成规定的训练次数。换另一侧重复上述步骤。

每组每侧训练次数
10 次
训练组数
2~3 组
组间间歇时间
60 秒

9 俯卧超人

动作步骤

① 身体呈俯卧姿势，双臂伸直且分开，距离与肩同宽，双脚分开。

② 四肢保持伸直且同时微微上抬。保持该动作 30~60 秒，恢复至初始姿势。

每组训练时间
30~60秒
训练组数
2~3组
组间间歇时间
60秒

1

2

10 髋关节铰链练习

动作步骤

双脚分开站立，距离与肩同宽，双手叉腰。保持躯干和小腿挺直，屈髋 90 度至躯干与地面约呈 45 度，同时双膝微屈。保持该动作 30~60 秒，恢复至初始姿势。

每组训练时间	**30~60** 秒
训练组数	**2~3** 组
组间间歇时间	**60** 秒

髋关节铰链练习的动作要点

颈部中立

目视前方

腰背挺直

屈髋 90 度

膝关节在踝关节正上方

脚尖朝前

脚跟下压

2.3 膝关节功能改善计划

膝关节是人体大而复杂的关节，也是特别容易发生问题的关节。久坐不动或体力活动下降都会导致其功能退化。膝关节需要具备良好的稳定性，以完成各类运动。膝关节出现运动损伤的原因往往与稳定性不足有关，而膝关节稳定性不足又往往与相邻的髋关节和踝关节灵活性不足有关。从人体整体运动链的角度来说，锻炼者进行膝关节功能强化时，需要进行髋关节矢状面灵活性练习、踝关节灵活性练习、髋关节额状面稳定性练习、膝关节稳定性练习、核心稳定性练习、下肢动作模式练习和下肢力量练习。

健身小常识

为什么停止运动后一两天仍然感到肌肉酸痛？

运动后一两天产生的肌肉酸痛感和僵硬感是一种特殊类型的运动性肌肉疲劳，被称为"延迟性肌肉酸痛（DOMS）"，是因不适应训练或剧烈运动而产生的。DOMS 出现在运动后 12 ~ 24 小时，并在运动后 24 ~ 48 小时达到高峰，一般在 3~7 天内可自行缓解并消失。在 DOMS 症状有所缓解前应避免抗阻训练，还可以采用泡热水澡、热敷、拉伸及进行活动度练习等方法加速身体恢复。

1	2	3	4	5	6	7
筋膜球 - 足底滚压	筋膜球 - 股四头肌	筋膜球 - 腘绳肌	筋膜球 - 小腿肌群	筋膜球 - 髂胫束	踝关节灵活性练习	单腿站姿闭眼控制

READY GO

1 ——— **2** ——— **3**

10 ←——— **9**

WELL DONE

8 9 10

单腿
俯身
触摸

深蹲

弓箭步

训练强度　●●○○○

训练动作数量 **10** 个

健身计划

4

5

6

8

7

1 筋膜球 - 足底滚压

动作步骤

身体呈直立姿势，挺胸直背，目视前方，将筋膜球置于右脚足底。移动右脚，在可承受的范围内利用尽量多的自身重量滚压筋膜球，寻找明显的酸痛点，并可在酸痛点着力滚动。完成后，换另一侧重复上述步骤。

每组每侧训练时间
30~60秒
训练组数
1~2组
组间间歇时间
–

特别提示

1. 使用筋膜球时，注意避免让其直接压迫骨骼。此外，训练时应感受到筋膜球按压软组织产生的酸痛感，但若出现明显的刺痛或不适，应立即停止训练。
2. 可以用网球代替筋膜球进行训练。

2 筋膜球－股四头肌

动作步骤

身体呈俯卧姿势，双肘与双脚脚尖撑地，将筋膜球置于左腿大腿前侧。双臂推地，带动身体移动，使筋膜球在膝关节至髋关节的范围内来回滚动，寻找明显的酸痛点，并可在酸痛点处着力滚动。完成后，换另一侧重复上述步骤。

每组每侧训练时间
30~60秒
训练组数
1~2组
组间间歇时间
－

特别提示

1. 使用筋膜球时，注意避免让其直接压迫骨骼。此外，训练时应感受到筋膜球按压软组织产生的酸痛感，但若出现明显的刺痛或不适，应立即停止训练。
2. 可以用网球代替筋膜球进行训练。

3 筋膜球－腘绳肌

动作步骤

身体呈坐姿，双手撑地，双臂微屈，左腿屈曲抬起，右腿伸直并将筋膜球置于右腿大腿下方。双手和左脚推地，带动身体移动，使筋膜球在膝关节到臀部的范围内来回滚动，寻找明显的酸痛点，并可在酸痛点处着力滚动。完成后，换另一侧重复上述步骤。

每组每侧训练时间
30~60秒
训练组数
1~2组
组间间歇时间
－

特别提示

1. 使用筋膜球时，注意避免让其直接压迫骨骼。此外，训练时应感受到筋膜球按压软组织产生的酸痛感，但若出现明显的刺痛或不适，应立即停止训练。
2. 可以用网球代替筋膜球进行训练。

4 筋膜球 – 小腿肌群

动作步骤

身体呈坐姿，双手撑地，左腿屈曲抬起，右腿伸直并将筋膜球置于小腿下方。双手和左脚推地，带动身体移动，使筋膜球在膝关节到脚踝的范围内来回滚动，寻找明显的酸痛点，并可在酸痛点处着力滚动。完成后，换另一侧重复上述步骤。

每组每侧训练时间
30~60秒
训练组数
1~2组
组间间歇时间
–

特别提示

1. 使用筋膜球时，注意避免让其直接压迫骨骼。此外，训练时应感受到筋膜球按压软组织产生的酸痛感，但若出现明显的刺痛或不适，应立即停止训练。

2. 可以用网球代替筋膜球进行训练。

5 筋膜球 – 髂胫束

动作步骤

身体呈右侧卧姿势，右肘撑地，将筋膜球置于右腿髋关节外侧下方。右腿伸直，左腿屈膝向前且脚掌着地，左手撑地。左手和左脚推地，带动身体移动，使筋膜球在髋关节外侧至膝关节的范围内来回滚动，寻找明显的酸痛点，并可在酸痛点处着力滚动。完成后，换另一侧重复上述步骤。

每组每侧训练时间
30~60 秒
训练组数
1~2 组
组间间歇时间
—

特别提示

1. 使用筋膜球时，注意避免让其直接压迫骨骼。此外，训练时应感受到筋膜球按压软组织产生的酸痛感，但若出现明显的刺痛或不适，应立即停止训练。
2. 可以用网球代替筋膜球进行训练。

6 踝关节灵活性练习

动作步骤

身体呈左前弓步姿势，右手握住辅助杆上部，并将辅助杆底部置于左腿内侧。保持上半身及辅助杆挺直，左膝尽量向前顶，并在最大限度位置保持 2~3 秒。恢复至初始姿势，重复规定的训练次数。换另一侧重复上述步骤。

每组每侧训练次数
10次
训练组数
2~3组
组间间歇时间
30秒

特别提示

动作过程中，保持前侧脚不离开地面，且膝盖与脚尖方向一致。

7 单腿站姿闭眼控制

动作步骤

双手交叉置于胸前，右腿抬起至大腿与地面平行，闭上双眼。保持该姿势30~60秒。完成后，换另一侧重复上述步骤。

每组每侧训练时间
30~60秒

训练组数
2~3组

组间间歇时间
30秒

8 单腿俯身触摸

动作步骤

① 双脚并拢站立，双手置于身体两侧，目视前方。将壶铃或一个固定物放在身体正前方的地面上。

② 向前俯身，右腿上抬以保持身体平衡，同时右臂伸直、右手去触摸壶铃。恢复至初始姿势，重复规定的训练次数。换另一侧重复上述步骤。

每组每侧训练次数	**10**次
训练组数	**2~3**组
组间间歇时间	**60**秒

1 ⟶ 2

9 深蹲

动作步骤

① 双腿分开站立，双手抱头，身体挺直。

② 身体向下蹲至大腿几乎与地面平行。恢复至初始姿势。

每组训练次数
10 次
训练组数
2~3 组
组间间歇时间
60 秒

1　2

10 弓箭步

动作步骤

双脚分开站立，距离与肩同宽，双手叉腰。左脚向前迈步下蹲，至双腿屈膝屈髋90度。动作过程中注意后侧膝盖不着地，且上身应保持挺直。恢复至初始姿势，换另一侧重复上述步骤。

每组每侧训练次数
10次
训练组数
2~3组
组间间歇时间
60秒

CHAPTER 03 第3章

肌肉力量强化

肌肉力量是人体进行一切活动之本，是其他各种身体能力的基础。人体所有动作都是通过一定的肌肉来实现的，因此，提高肌肉力量对各个人群都非常重要。很多研究表明，肌肉力量的增加对降低慢性病发生率、改善身体成分、提高骨密度、提升运动能力和缓解疲劳有明显的作用，同时还可以预防和减轻抑郁、降低心理焦虑程度。

由于人们长期"宅"在家里，身体活动大大减少，肌肉力量会逐渐下降，进而影响到整体运动能力。为了更好地保持和发展肌肉力量，人们需要进行有计划的力量练习。

在制定力量锻炼计划时，要遵循循序渐进的原则，锻炼的次数、时间、强度和运动量都应该逐渐提高，而不能超越锻炼者目前的身体承受能力。在制定力量锻炼计划时要考虑到人体是一个整体，应该全面发展人体各部位的肌肉力量，上肢力量、核心力量和下肢力量都应进行锻炼，身体前后和左右的肌肉力量也要平衡发展，否则有可能会导致人体的平衡性被打破，产生肌肉力量失衡、身体姿态异常和动作质量下降等系列问题。只有具备了一定的肌肉力量，才能为下阶段的体能全面提升计划打好基础。

3.1 核心力量强化计划

核心区域是人体运动链上的重要环节，主要的功能是保护脊柱、维持体姿、传递力量和产生力量。在运动中，人体需要不断地调整核心区域各肌群的张力，保持脊柱的稳定，维持正确的身体姿态，并使运动链一端形成的力量向另一端进行传递。在整个运动过程中，坚实、稳固的核心不仅能够减少能量损失和提升动作效率，还可以有效预防运动损伤的发生。因此，核心力量在很大程度上决定了运动链的效率。在力量发展的次序上，核心力量要优于上肢力量和下肢力量。在制定核心力量计划时，一定要平衡考虑核心区域前后侧和左右侧肌群的力量发展。

下面给出一个核心力量锻炼计划的模板，供锻炼者参考。锻炼者也可以根据力量锻炼计划制定的基本原则自行调整锻炼内容。

1	2	3	4	5
动态 平板支撑	抬臀	西西里 卷腹	侧向 卷腹	俯撑 摸肩

READY GO

1

2

8

7

WELL DONE

6 V形转体　　7 俯卧挺身　　8 膝碰肘卷腹

训练强度　●●●○○

训练动作数量　8 个

健身计划

3

4

6

5

1 动态平板支撑

动作步骤

① 身体呈四点支撑姿势，双手与双脚脚尖撑地。双臂伸直，双手位于肩关节正下方，肩关节、髋关节、膝关节和踝关节呈一条直线。

② ~ ③ 保持身体呈一条直线，腹部收紧。屈左肘，左前臂撑地，随后屈右肘，右前臂撑地。身体呈双肘撑的平板支撑姿势。

④ ~ ⑤ 双臂交替换肘撑为手撑，恢复至初始姿势。

每组训练次数
10~15 次

训练组数
2~4 组

组间间歇时间
60 秒

1

2 ~ 3

4 ~ 5

2 抬臀

动作步骤

① 身体呈仰卧姿势，双腿屈膝，双脚触地，双手自然平放于身体两侧。

② 臀部发力向上顶髋，至膝关节、髋关节和肩关节呈一条直线，且大腿与小腿夹角为90度。在肌肉收紧至最大限度时保持1~2秒，然后有控制地恢复至初始姿势。

每组训练次数	训练组数	组间间歇时间
10~15 次	2~4 组	60 秒

3 西西里卷腹

动作步骤

① 身体呈仰卧姿势,双腿屈膝,双脚触地。双臂伸直上举于胸前并与地面垂直,双手交握。

② 腹肌发力,卷腹,带动躯干上提,直至上背部完全离开垫面,过程中保持双臂伸直。在肌肉收紧至最大限度时保持 1~2 秒,然后有控制地恢复至初始姿势。

> 每组训练次数
> **10~15**次
>
> 训练组数
> **2~4**组
>
> 组间间歇时间
> **60**秒

1 ➡ **2**

4 侧向卷腹

动作步骤

① 身体呈左侧卧姿势，屈髋屈膝，躯干保持中立位。左臂伸直，垂直于身体，右臂屈肘，右手放于脑后。

② 腹部发力，使躯干侧向垂直上抬。在肌肉收紧至最大限度时保持 1~2 秒，然后有控制地恢复至初始姿势，重复规定的训练次数。换另一侧重复上述步骤。

每组每侧训练次数
10~15 次

训练组数
2~4 组

组间间歇时间
60 秒

5 俯撑摸肩

动作步骤

① 身体呈四点支撑姿势，双手与双脚脚尖撑地。双臂伸直，双手位于肩关节正下方，肩关节、髋关节、膝关节和踝关节呈一条直线。

② 右侧手臂不动，左手抬起摸右肩。恢复至初始姿势，换另一侧重复上述步骤。

每组每侧训练次数
10~15 次

训练组数
2~4 组

组间间歇时间
60 秒

5 V 形转体

动作步骤

① 身体坐于垫上，双腿上抬，双脚在踝关节处交叉。腹部收紧，背部抬起。双手交握于腹部上方。

② ~ ③ 保持下肢姿势不变，手臂和躯干向左侧旋转，然后转向右侧。

每组训练次数 **10~15** 次		
训练组数 **2~4** 组		
组间间歇时间 **60** 秒		

1

2

3

7 俯卧挺身

动作步骤

① 身体呈俯卧姿势，双脚分开，双臂屈肘，双手置于双耳处。

② 保持双腿不离开垫面，背部发力，向上挺身，使躯干微微离开垫子。在肌肉收紧至最大限度时保持 1~2 秒，然后有控制地恢复至初始姿势。

每组训练次数
10~15 次
训练组数
2~4 组
组间间歇时间
60 秒

1 ⟶ **2**

8 膝碰肘卷腹

动作步骤

① 身体呈仰卧姿势，右腿屈髋屈膝，右脚支撑于垫面，左腿屈髋屈膝，左脚搭在右膝上。双手扶于脑后，背部和肩部贴于垫面。

② 腹肌发力，卷腹，带动肩部及上肢向左侧旋转，同时左膝向右侧旋转，使右肘与左膝相触。在肌肉收紧至最大限度时保持 1~2 秒，然后有控制地恢复至初始姿势，重复规定的训练次数。换另一侧重复上述步骤。

每组每侧训练次数	训练组数	组间间歇时间
10~15 次	2~4 组	60 秒

俯撑摸肩的动作要点

呈一条直线

颈部中立

双手下压

避免翻转

双腿伸直

目视下方

支撑臂伸直

3.2 上肢力量强化计划

进行上肢力量锻炼之前，应先确认上肢各关节的功能基本正常，没有明显的疼痛和活动度受限。如果存在这些问题，请锻炼者首先进行上肢功能改善练习，恢复正常功能后再进行力量锻炼。制定上肢力量训练计划时，首先要考虑肩部稳定性力量练习和肩袖肌群的力量练习，然后再发展大肌肉群的力量，这样才能打造稳定而强大的上肢力量。

下面给出一个上肢力量锻炼计划的模板，供锻炼者参考。锻炼者也可以根据力量锻炼计划制定的基本原则自行调整锻炼内容。

健身小常识

为什么说训练量的设定至关重要？运动过量的表现有哪些？

没有疲劳的训练是无用的训练，没有恢复的训练是危险的训练。训练量和强度不够，则训练效果不理想，肌肉增长缓慢；而持续的高强度训练又会使身体的功能下降，对肌肉的增长也会起到反作用。因此，训练量的设定至关重要。运动过量的标志包括出现疲乏、易怒、睡眠质量差、食欲减退、关节疼痛、头痛、恶心、情绪低落等表现。此时，一定要停止训练，调整训练方案。

1	2	3	4	5
招财猫	俯身 W 式伸展	臂屈伸	俯身 划船	俯卧撑 转体

READY GO

1

2

8

7

WELL DONE

6 7 8

阿诺
推举

手撑地
爬行

收腿
俯卧撑

训练强度 ●●●○○

训练动作数量 **8** 个

健身计划

3

4

6

5

1 招财猫

动作步骤

① 双脚分开站立，距离与肩同宽，双臂自然置于身体两侧。

② 上臂侧平举，同时屈肘 90 度，前臂斜向前下方。

③ 保持上臂平行于地面，肩部外旋，至前臂垂直于地面，指尖向上。在肌肉收紧至最大限度时保持 1~2 秒，然后有控制地恢复至步骤②，重复规定的次数。

每组训练次数
10~15次
训练组数
2~4组
组间间歇时间
60秒

特别提示

若想增加难度，可手持矿泉水瓶（可自行调整瓶内液体重量）进行练习。

2 俯身 W 式伸展

动作步骤

① 双脚分开站立，距离与肩同宽或略宽于肩。屈膝屈髋，俯身至躯干与地面平行或接近平行。双臂屈肘上抬，双手四指并拢，掌心相对，拇指向上。

② 躯干保持挺直，肩胛骨内收至双臂与躯干在同一平面，并形成 "W" 字形。恢复至初始姿势。

每组训练次数
10~15次
训练组数
2~4组
组间间歇时间
60秒

特别提示

若想增加难度，可手持矿泉水瓶（可自行调整瓶内液体重量）进行练习。

3 臂屈伸

动作步骤

① 身体坐于垫上，双腿并拢，屈膝屈髋，脚底和臀部接触地面。躯干挺直并后仰，双臂屈肘，双手支撑于垫上，头部保持中立位。

② 保持躯干挺直，肘关节伸直，将身体抬离垫面。在肌肉收紧至最大限度时保持 1~2 秒，然后有控制地恢复至初始姿势。

每组训练次数
10~15次

训练组数
2~4组

组间间歇时间
60秒

1 ➡️ **2**

4　俯身划船

动作步骤

① 双脚分开站立，距离与肩同宽，双臂自然置于身体两侧。

② 屈膝屈髋，向前俯身，双臂伸直且置于肩关节正下方，双手握拳且掌心向后。

③ 躯干挺直，肩胛骨收紧，双臂屈肘并上拉至双手位于腹部高度。在肌肉收紧至最大限度时保持 1~2 秒，然后有控制地恢复至步骤②，重复规定的次数。

每组训练次数
10~15 次
训练组数
2~4 组
组间间歇时间
60 秒

5 俯卧撑转体

每组每侧训练次数
5~10 次

训练组数
2~4 组

组间间歇时间
60 秒

动作步骤

① 身体呈四点支撑姿势,双手与双脚脚尖撑地。双臂伸直,双手位于肩关节正下方,肩关节、髋关节、膝关节和踝关节呈一条直线。

② 屈肘,身体向下做俯卧撑动作。

③ 左臂伸直,同时躯干慢慢向右侧旋转,右臂顺势抬起至与左臂呈一条直线。在肌肉收紧至最大限度时保持 1~2 秒,然后有控制地恢复至四点支撑姿势,换另一侧重复上述步骤。

6 阿诺推举

动作步骤

① 双脚分开站立，距离与肩同宽，双臂自然置于身体两侧。

② 双臂屈肘于胸前，双手握拳，拳心相对。

③ 双臂向两侧打开并上举，直至上臂与地面平行，前臂垂直于地面。

④ 双臂向上推举至手臂伸直。在肌肉收紧至最大限度时保持 1~2 秒，然后有控制地恢复至步骤③，重复规定的次数。

每组训练次数
10~15 次

训练组数
2~4 组

组间间歇时间
60 秒

特别提示

若想增加难度，可手持矿泉水瓶（可自行调整瓶内液体重量）进行练习。

7 手撑地爬行

动作步骤

① 身体呈四点支撑姿势，双手与双脚脚尖撑地。双臂伸直，双手位于肩关节正下方，双腿蹬直。

② ~ ③ 双脚保持不动，双手交替向前移动至最大限度，然后双手慢慢向后移动，恢复至初始姿势。

每组训练次数
10~15次

训练组数
2~4组

组间间歇时间
60秒

1

2

3

8　收腿俯卧撑

动作步骤

① 身体呈四点支撑姿势，双手与双脚脚尖撑地。双臂伸直，双手位于肩关节正下方，肩关节、髋关节、膝关节和踝关节呈一条直线。

② 屈肘，身体向下做俯卧撑动作。

③ 手臂伸直撑起身体，同时右腿屈髋提膝并外展，使右膝尽量向右肘靠近。恢复至初始姿势，换另一侧重复上述步骤。

每组每侧训练次数
5~10次
训练组数
2~4组
组间间歇时间
60秒

1

2

3

俯身划船的动作要点

颈部中立 ←

腰背挺直 ←

双臂伸直 →

脚尖朝前 →

屈肘 90 度上抬 ←

躯干及下肢稳定

脚跟下压 ←

3.3 下肢力量强化计划

进行下肢力量锻炼之前，应先确认下肢各关节的功能基本正常，没有明显的疼痛和活动度受限。如果存在这些问题，请锻炼者首先进行下肢功能改善练习，恢复正常功能后再进行力量锻炼。制定下肢力量训练计划时，首先要考虑骨盆和膝关节的稳定性力量练习，然后再发展大肌肉群的力量，这样才能打造稳定而强大的下肢力量。

下面给出一个下肢力量锻炼计划的模板，供锻炼者参考。锻炼者也可以根据力量锻炼计划制定的基本原则自行调整锻炼内容。

健身小常识

运动前、运动中、运动后分别应该补充多少水分？

运动前应该多喝水，可以在运动前 2 小时补充 500 毫升左右的水，确保体内水分平衡。

运动中水分流失速度较快，应遵循少量多次的补水原则。建议每 15~20 分钟补充一次水，每次以 100 毫升左右为宜。

运动后也应采取少量多次的方法进行补水，且补水量应大于运动中丢失的水分。

1	2	3	4	5
跪姿 抬膝外展	跪姿 直膝后踢腿	侧平板支撑 蚌式开合	深蹲 前后移动	硬拉 摇摆

READY GO

1

2

8

7

WELL DONE

6 提踵　　**7** 单腿硬拉　　**8** 保加利亚深蹲

训练强度　●●●○○

训练动作数量　**8**个

3

4

6

5

1 跪姿抬膝外展

动作步骤

① 身体呈俯撑跪姿，双手与双膝撑地。双臂伸直且位于肩部正下方，保持背部平直，腹部收紧。

② 左腿单腿支撑，右腿外展至最大限度，过程中保持背部平直。在肌肉收紧至最大限度时保持 1~2 秒，然后有控制地恢复至初始姿势，换另一侧重复上述步骤。

每组每侧训练次数
10~15 次
训练组数
2~4 组
组间间歇时间
60 秒

2 跪姿直膝后踢腿

动作步骤

① 身体呈俯撑跪姿，双臂伸直且位于肩关节正下方，双膝屈曲 90 度且位于髋关节正下方。

② 保持躯干及双臂稳定，伸直上抬右腿。在肌肉收紧至最大限度时保持 1~2 秒，然后有控制地恢复至初始姿势，换另一侧重复上述步骤。

每组每侧训练次数
10~15 次
训练组数
2~4 组
组间间歇时间
60 秒

3 侧平板支撑蚌式开合

动作步骤

① 身体呈左侧卧姿势，左肘屈曲 90 度且位于肩关节正下方，右手自然置于腹部，双腿屈膝且并拢叠放。

② 保持左腿小腿紧贴地面，向上顶髋，将大腿和臀部抬离地面。

每组每侧训练次数
10~15次
训练组数
2~4组
组间间歇时间
60秒

③ 保持躯干及手臂姿势不变，右腿向上打开至最大限度，双脚保持接触。在肌肉收紧至最大限度时保持 1~2 秒，然后有控制地恢复至初始姿势，重复规定的训练次数。换另一侧重复上述步骤。

4　深蹲前后移动

动作步骤

① 双腿分开站立，距离与肩同宽，双臂自然置于身体两侧。

② 保持躯干挺直，屈膝屈髋，躯干与大腿与地面呈 45 度。同时双臂屈肘于胸前，双手握拳，拳心相对。

③ ~ ⑤ 保持躯干及手臂姿势不变，双脚交替向前近一步。双脚交替向后退一步，恢复至步骤②姿势。

每组训练次数
10~15次
训练组数
2~4组
组间间歇时间
60秒

5　硬拉摇摆

动作步骤

① 双脚分开站立,距离与肩同宽。腰背挺直,屈髋使躯干前倾,双腿微屈下蹲,同时双手在双腿间交握。

② 伸髋伸膝,同时双臂伸直上举过头顶,使手臂、躯干及双腿在同一平面内。

每组训练次数
10~15次
训练组数
2~4组
组间间歇时间
60秒

6　提踵

动作步骤

① 双腿分开站立，距离与肩同宽，双臂自然置于身体两侧。

② 踮脚，同时双臂伸直上举过头顶，双手掌心相对。

每组训练次数
10~15次
训练组数
2~4组
组间间歇时间
60秒

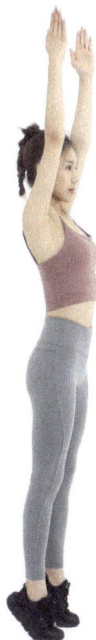

7 单腿硬拉

动作步骤

① 单脚站立，支撑腿（左腿）微屈或伸直，躯干挺直，双臂自然置于身体两侧。

② 屈髋，躯干前倾至与地面平行，非支撑腿（右腿）向后伸直至与躯干呈一条直线，双臂自然向下伸直。在肌肉收紧至最大限度时保持 1~2 秒，然后有控制地恢复至初始姿势，重复规定的训练次数。换另一侧重复上述步骤。

每组每侧训练次数
10~15 次
训练组数
2~4 组
组间间歇时间
60 秒

1

2

8 保加利亚深蹲

动作步骤

① 身体呈分腿姿势，左腿在前且全脚掌触地，右腿在后且脚尖置于椅上。双臂屈肘于胸前，双手握拳，拳心相对。躯干挺直，目视前方。

② 身体向下蹲至左腿大腿与地面平行。恢复至初始姿势，重复规定的训练次数。换另一侧重复上述步骤。

每组每侧训练次数
10~15 次
训练组数
2~4 组
组间间歇时间
60 秒

CHAPTER 04 第4章

体能全面提升

人体绝大多数的工作和运动是肌肉系统和能量系统双重作用的结果。锻炼者可以通过高强度间歇的锻炼方式同时刺激肌肉系统和能量系统，从而全面提升体能水平。高强度间歇锻炼是一种独特的锻炼方式，要求锻炼者反复多次进行连续、快速和高强度的练习，中间穿插着不完全恢复的短间歇时间。

锻炼者在进行体能全面提升锻炼计划前，首先应确认自己已经具备良好的动作质量和一定的力量水平，否则会存在较高的运动损伤风险。在进行体能全面提升锻炼计划时，锻炼者要同时承受来自循环系统和神经肌肉系统的压力，发展自己的力量、爆发力、有氧能力和无氧能力。

在制定体能全面提升锻炼计划时，要遵循循序渐进的锻炼原则，一般按照初级、中级和高级三个难度级别逐级递进，首先从初级锻炼计划开始，2~4 周为一个锻炼周期，然后过渡到更高级难度的锻炼计划。但是如果锻炼者有较好的锻炼基础，在完成初级计划时感到非常轻松，而且在锻炼后也没有明显的疲劳感和肌肉酸痛反应，那么可以跳过初级阶段计划，直接进入更高级别阶段的锻炼计划。

4.1 体能全面提升锻炼初级计划

体能全面提升锻炼初级计划由多个相对简单、负荷较低的动作练习按照一定的顺序组合而成。锻炼者需持续执行一个动作练习20 秒，然后休息 10 秒，接着持续执行下一个动作练习 20 秒，再休息 10 秒，依次进行，直到执行完所有的动作练习，即为完成 1组训练。完成 1 组训练后，锻炼者需休息 5分钟，以确保自己能够在得到充分恢复的情况下进行下一组训练。锻炼者共需完成 2~4组训练，并在此过程中逐渐适应来自肌肉系统和能量系统的双重压力。

下面给出一个体能全面提升锻炼初级计划的模板，供锻炼者参考。锻炼者也可以根据高强度间歇锻炼计划制定的基本原则自行调整锻炼内容。

1	2	3	4	5
站姿 膝碰肘	卷腹冲拳	半蹲 斜下拉	三连蹲	跳绳

READY GO

1

2

8

7

WELL DONE

6 俯卧撑
转体提膝

7 拳击

8 俯撑交替
摸腿

训练强度 ●●●○○

训练动作数量 **8** 个

健身计划

3

4

6

5

1 站姿膝碰肘

动作步骤

① 双脚分开站立，距离大于肩宽，双臂伸直并自然置于身体两侧，保持背部平直和腹部收紧。

② 左手叉腰，右臂伸直上举过头顶。

③ 右手握拳，右臂屈曲向下运动，同时右腿屈髋屈膝并向上提膝，使右肘与右膝相碰。

④ 恢复至初始姿势。换另一侧重复上述动作。在 20 秒内左右交替尽可能多地重复动作，然后休息 10 秒。

2 卷腹冲拳

动作步骤

① 身体呈仰卧姿势，双膝、双臂屈曲抬起，双脚着地，双手握拳置于胸前。

② 腹部发力，使身体上抬，同时快速向上出右拳。

③ 恢复至初始姿势。腹部发力，使身体上抬，同时快速向上出左拳。在 20 秒内左右交替尽可能多地重复动作，然后休息 10 秒。

∃ 半蹲斜下拉

动作步骤

① 双脚分开站立，距离大于肩宽，双臂伸直并自然置于身体两侧。

② 双臂保持伸直并向右上方抬起，双手交握，同时躯干自然转向右侧。

③ 屈髋屈膝下蹲至大腿与地面平行，同时双臂向左侧用力下拉至髋部外侧。恢复至初始姿势，换另一侧重复上述动作。在 20 秒内左右交替尽可能多地重复动作，然后休息 10 秒。

4 三连蹲

动作步骤

① 双脚分开站立，距离大于肩宽，双臂屈曲，双手握拳并上举至胸前。

② 屈膝屈髋，左腿向右后方45度迈步下蹲，至双腿屈膝屈髋90度，呈后弓步姿势。动作过程中注意左膝不着地，且上身应保持挺直。

③ 快速站起，恢复至初始姿势。然后屈膝屈髋，原地下蹲至大腿平行于地面。

④ 快速站起，恢复至初始姿势。然后换右腿向左后方45度迈步下蹲，至双腿屈膝屈髋90度，呈后弓步姿势。动作过程中注意右膝不着地，且上身应保持挺直。

⑤ 快速站起，恢复至初始姿势。在20秒内尽可能多地重复动作，然后休息10秒。

5 跳绳

动作步骤

① 双脚分开站立，距离与肩同宽。腰背挺直，双手置于身体两侧，想象双手拿着跳绳把手。

② ～ ③ 身体重心移到左腿上，右膝微屈，右脚悬空，然后左腿跳起，在空中时快速转移重心至右腿，右腿伸直着地。此过程双手持续在身体两侧模仿跳绳手部画圈运动。在 20 秒内左右交替尽可能多地重复动作，然后休息 10 秒。

6 俯卧撑转体提膝

动作步骤

① 身体呈四点支撑姿势，双手位于肩关节正下方，与双脚脚尖共同撑于垫上。双臂伸直，肩关节、髋关节、膝关节与踝关节呈一条直线。

② 双手撑地保持不动，右腿屈髋屈膝并向左侧提起，同时躯干向左侧旋转，使右膝接近左肘。

③ 恢复至初始姿势。

④ 然后双手撑地保持不动，左腿屈髋屈膝并向右侧提起，同时躯干向右侧旋转，使左膝接近右肘。恢复至初始姿势。在 20 秒内左右交替尽可能多地重复动作，然后休息 10 秒。

7 拳击

动作步骤

① 双脚分开站立，双手自然置于身体两侧。

② 左脚向前迈步，双臂屈肘向上，双手握拳并置于肩关节前，呈格斗准备姿势。

③ 右臂向前伸直出拳，躯干略微转向左侧。

④ 收回右臂至初始姿势。左臂向前伸直出拳，躯干略微转向右侧。在 20 秒内左右交替尽可能多地重复动作，然后休息 10 秒。

8 俯撑交替摸腿

动作步骤

① 身体呈四点支撑姿势，双手与双脚脚尖撑地。双臂伸直，双手位于肩关节正下方，肩关节、髋关节、膝关节和踝关节呈一条直线。

② 腹部发力使臀部向上顶起，同时左手触摸右腿小腿。

③ 恢复至初始姿势。

④ 腹部发力使臀部向上顶起，同时右手触摸左腿小腿。在 20 秒内左右交替尽可能多地重复动作，然后休息 10 秒。

俯撑交替摸腿的动作要点

臀部上顶

避免拱起

双腿伸直

支撑臂伸直

支撑手下压

4.2　体能全面提升锻炼中级计划

体能全面提升锻炼中级计划也是由多个动作练习按照一定的顺序组合而成的，但与体能全面提升锻炼初级计划相比，动作练习的难度和负荷均有所增加。锻炼者需持续执行一个动作练习 20 秒，然后休息 10 秒，接着持续执行下一个动作练习 20 秒，再休息 10 秒，依次进行，直到执行完所有的动作练习，即为完成 1 组训练。完成 1 组训练后，锻炼者需休息 3 分钟（相较初级计划缩短了 2 分钟），这意味着锻炼者需要在没有得到充分恢复的情况下，进行下一组训练。锻炼者共需完成 4~6 组训练，而这种短间歇、多组数的训练设置对锻炼者的肌肉系统和能量系统都提出了更高的要求。

下面给出一个体能全面提升锻炼中级计划的模板，供锻炼者参考。锻炼者也可以根据高强度间歇锻炼计划制定的基本原则自行调整锻炼内容。

健身小常识

什么是 TABATA 训练法？

TABATA 训练法是 HIIT 的一种，共分为 8 个部分，每一部分由 "20 秒的高强度运动" 与 "10 秒休息" 构成。简言之，就是在 "全力运动" 后 "稍做休息"，然后尽可能多地重复这一过程。TABATA 训练法本来是为日本速滑运动员量身定制的一种训练方法，因其能够高效且爆发性地提升体力及肌肉力量，受到了健身爱好者的关注，并逐渐流行。

1	2	3	4	5
立卧撑	快速踏蹬步	深蹲	仰卧单车	V 形俯卧撑

READY GO

1

2

8

7

WELL DONE

6　7　8

侧向
弓箭步　　俯卧游泳　　俯撑
登山式

训练强度　●●●●○

训练动作数量　**8** 个

健身计划

3

4

6

5

1 立卧撑

动作步骤

① 身体呈四点支撑姿势，双手与双脚脚尖撑地。双臂伸直，双手位于肩关节正下方，肩关节、髋关节、膝关节和踝关节呈一条直线。

② 收紧腹部，屈肘，降低身体至胸部几乎碰到地面。

③ 上身保持稳定，双腿同时屈膝前跳至髋部正下方。

④ 身体竖直向上做伸展跳，双臂于头部两侧完全伸直，双手掌心向前。恢复至初始姿势。在 20 秒内尽可能多地重复动作，然后休息 10 秒。

2　快速踏蹬步

动作步骤

① ~ ③　双脚分开站立，距离大于肩宽。微微屈髋，双脚前脚掌在原地快速踮步，同时自然摆动双臂。在 20 秒内尽可能多地重复动作，然后休息 10 秒。

3　深蹲

动作步骤

① 双腿分开站立，双手抱头，身体挺直。

② 身体向下蹲至大腿几乎与地面平行。恢复至初始姿势。在 20 秒内尽可能多地重复动作，然后休息 10 秒。

4　仰卧单车

动作步骤

① 　身体呈仰卧姿势，双手抱头，肩部抬离地面，双腿并拢上抬并屈曲 90 度，小腿平行于地面。

② 　右腿蹬直，左腿向头部移动，同时肩部向左转动。

③ 　左腿蹬直，右腿向头部移动，同时肩部向右转动。在 20 秒内左右交替尽可能多地重复动作，然后休息 10 秒。

5　V 形俯卧撑

动作步骤

① 双手与双脚脚尖撑地，双臂、双腿伸直且间距大于肩宽，髋部屈曲，整个身体呈倒 V 形。

② 在保持躯干及下肢姿势稳定的情况下，双臂做臂屈伸运动。恢复至初始姿势。在 20 秒内尽可能多地重复动作，然后休息 10 秒。

6 侧向弓箭步

动作步骤

① 双脚分开站立，距离与肩同宽。双臂伸直，自然置于身体两侧。

② 右脚向右迈步，左腿伸直，身体下蹲至右腿大腿与地面平行，同时双臂前平举。

③ 身体恢复至初始姿势。左脚向左迈步，右腿伸直，身体下蹲至左腿大腿与地面平行，同时双臂前平举。在 20 秒内左右交替尽可能多地重复动作，然后休息 10 秒。

7 俯卧游泳

动作步骤

① 身体呈俯卧姿势，双臂伸直且分开，距离与肩同宽，双脚分开。

② 右手和左腿在保持伸直的同时上抬。

③ 右手和左腿落地，同时上抬左手和右腿。在 20 秒内左右交替尽可能多地重复动作，然后休息 10 秒。

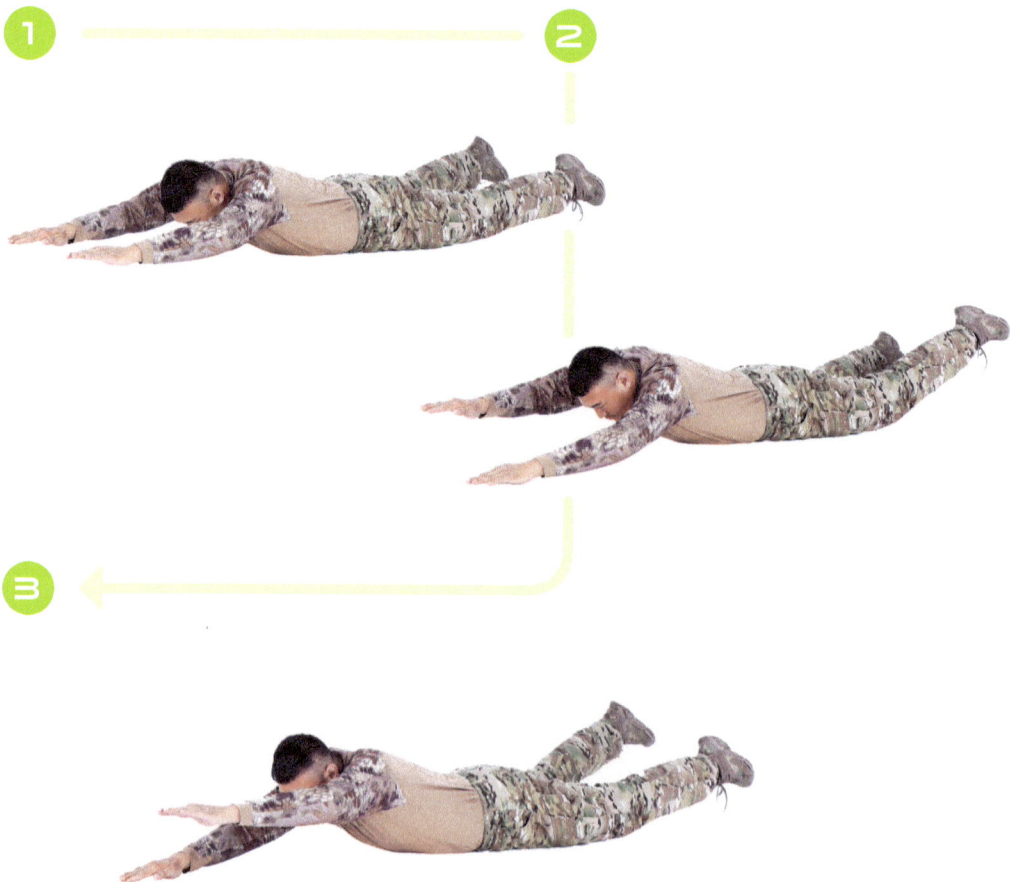

8 俯撑登山式

动作步骤

① 身体呈四点支撑姿势，双手与双脚脚尖撑地。双臂伸直，双手位于肩关节正下方，肩关节、髋关节、膝关节和踝关节呈一条直线。

② 收紧腹部，右腿屈膝上抬至髋部正下方。

③ 收回右腿至初始位置，左腿屈膝上抬至髋部正下方。在 20 秒内左右交替尽可能多地重复动作，然后休息 10 秒。

俯撑登山式的动作要点

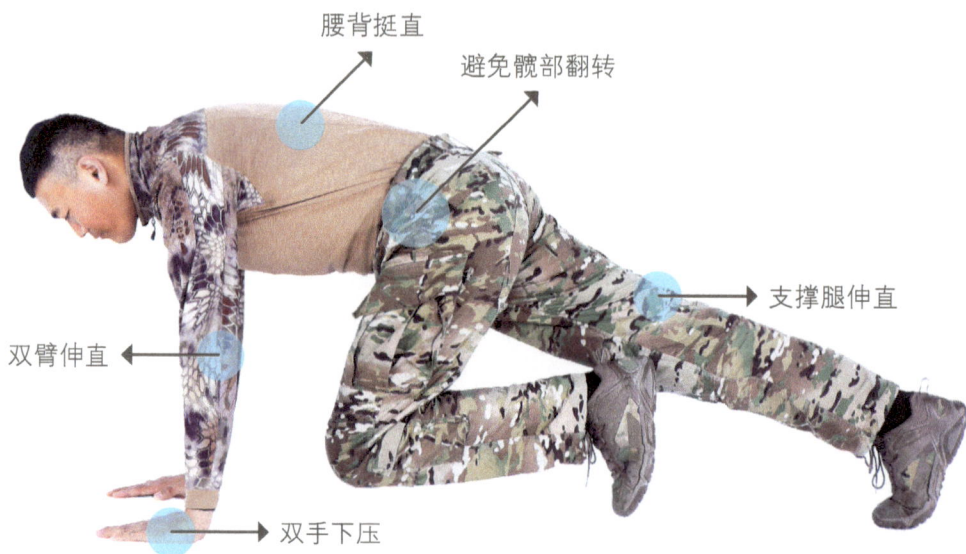

腰背挺直

避免髋部翻转

支撑腿伸直

双臂伸直

双手下压

4.3　体能全面提升锻炼高级计划

体能全面提升锻炼高级计划也是由多个动作练习按照一定的顺序组合而成的，但较体能全面提升锻炼中级计划而言，进一步增加了动作练习的难度和负荷。锻炼者需持续执行一个动作练习 30 秒，然后休息 15 秒，接着持续执行下一个动作练习 30 秒，再休息 15 秒，依次进行，直到执行完所有的动作练习，即为完成 1 组训练。完成 1 组训练后，锻炼者需休息 3 分钟。锻炼者共需完成 4~6 组训练。由于增加了每个动作练习的持续时间，同时提高了动作练习的难度和负荷，可以对锻炼者的肌肉系统和能量系统造成更大的刺激效果。

下面给出一个体能全面提升锻炼高级计划的模板，供锻炼者参考。锻炼者也可以根据高强度间歇锻炼计划制定的基本原则自行调整锻炼内容。

健身小常识

一次高强度的练习后需要多长的恢复时间？

高强度的肌肉练习会造成肌纤维的微细损伤，表现为延迟性肌肉酸痛。通过营养摄入和休息，微细损伤得到恢复，这就是肌肉增长的原理。肌肉的恢复需要时间，一般来说，进行高强度的练习后至少要恢复 48 小时。在这期间，可以进行一些低强度的有氧练习和拉伸运动，以促进恢复。

1	2	3	4	5
手足触摸练习	高抬腿跑	快速转髋步	俯撑屈膝收腹	深蹲跳

READY GO

1

2

8

7

WELL DONE

6 7 8

俯撑
对角触碰

前后
连续跳跃

蜘蛛式
俯卧撑

训练强度 ● ● ● ● ●

训练动作数量 **8** 个

健身计划

1 手足触摸练习

动作步骤

① 双脚分开站立，双臂自然置于身体两侧，目视前方。

② 双脚向上跳起，同时在身前抬起左腿，并用右手触摸左脚脚踝。

③ 左脚落地后迅速向上跳起，同时在身前抬起右腿，并用左手触摸右脚脚踝。

④ 右脚落地后迅速向上跳起，同时在身后抬起左腿，并用右手触摸左脚脚踝。

⑤ 左脚落地后迅速向上跳起，同时在身后抬起右腿，并用左手触摸右脚脚踝。在 30 秒内尽可能多地重复动作，然后休息 15 秒。

2　高抬腿跑

动作步骤

① ~ ②　身体呈直立姿势，以左右交替做高抬腿动作的方式前进，同时自然摆动双臂。在 30 秒内左右交替尽可能多地重复动作，然后休息 15 秒。

ᗱ 快速转髋步

动作步骤

① 左脚在前，右脚在后，交叉站立。躯干挺直，双臂于身体两侧抬起。

②～③ 双脚蹬地跳起，在腾空时向左侧转髋。双脚落地后迅速开始进行下一次跳跃转髋。在 30 秒内左右交替尽可能多地重复动作，然后休息 15 秒。

4 俯撑屈膝收腹

动作步骤

① 身体呈四点支撑姿势，双手与双脚脚尖撑地。双臂伸直，双手位于肩关节正下方，肩关节、髋关节、膝关节和踝关节呈一条直线。

② 收紧腹部，双腿同时屈膝前跳至髋部正下方。恢复至初始姿势。在 30 秒内尽可能多地重复动作，然后休息 15 秒。

5　深蹲跳

动作步骤

① 双脚分开站立，距离与肩同宽。双膝屈曲，向前俯身 45 度，同时双臂于身体后侧平行伸直，双手掌心相对。

② 身体向上跳起，同时双臂于头部两侧完全伸直。恢复至初始姿势。在 30 秒内尽可能多地重复动作，然后休息 15 秒。

6 俯撑对角触碰

动作步骤

① 身体呈四点支撑姿势，双手与双脚脚尖撑地。双臂伸直，双手位于肩关节正下方，肩关节、髋关节、膝关节和踝关节呈一条直线。

② 收紧腹部，向右侧转髋，右臂与左腿伸直抬起，并用右手触碰左脚脚尖，右脚全脚掌着地。

③ 左腿和右臂落地，同时向左侧转髋。左臂与右腿伸直抬起，并用左手触碰右脚脚尖，左脚全脚掌着地。在 30 秒内左右交替尽可能多地重复动作，然后休息 15 秒。

7 前后连续跳跃

动作步骤

① 双脚分开站立，距离与肩同宽。双手叉腰，目视前方。

② ~ ③ 双脚向前向后交替跳跃。在 30 秒内前后交替尽可能多地重复动作，然后休息 15 秒。

8 蜘蛛式俯卧撑

动作步骤

① 身体呈四点支撑姿势，双手与双脚脚尖撑地。双臂伸直，双手位于肩关节正下方，肩关节、髋关节、膝关节和踝关节呈一条直线。

② 收紧腹部，屈肘，降低身体至胸部几乎碰到地面，同时左腿屈膝外展上抬至左肘后侧。

③ 恢复至初始姿势。收紧腹部，屈肘，降低身体至胸部几乎碰到地面，同时右腿屈膝外展上抬至右肘后侧。在30秒内左右交替尽可能多地重复动作，然后休息15秒。

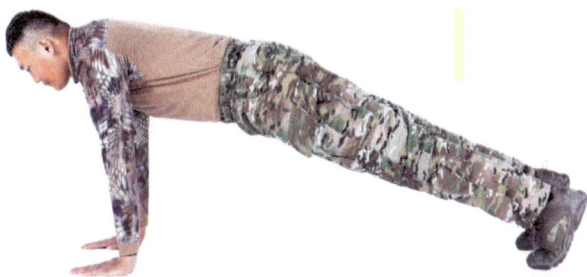

动作视频在线观看说明

为了帮助练习者快速掌握动作技术，科学进行锻炼，本书提供了大部分动作练习的演示视频，具体可通过以下步骤在线观看。

步骤1　打开微信"扫一扫"（图1）。

图1

步骤2　扫描动作练习页面上的二维码（图2和图3）。

图2

图3

步骤3　如果您尚未关注微信公众号"人邮体育"，扫描后会出现"人邮体育"的二维码（图4）。请根据说明关注"人邮体育"（图5），并在关注后点击"资源详情"（图6），即可进入动作视频观看页面（图7）。如果您已关注微信公众号"人邮体育"，扫描后可直接进入动作视频观看页面。

图 4

图 5

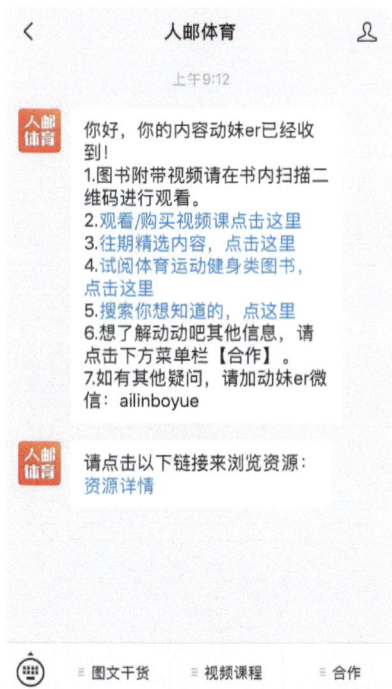

图 6

图 7

特约模特

刘哮波

原国家跆拳道队队员；曾获得 2005 年全国十运会跆拳道男子 84 公斤以上级金牌、2008 年亚洲跆拳道锦标赛男子 84 公斤以上级金牌和 2012 年伦敦奥运会跆拳道男子 80 公斤以上级铜牌；退役后曾担任北京跆拳道队教练，现为某安全公司负责人。